I0837834

In the Aftermath of Peace

In the Aftermath of Peace
Essay on the Future of Europe

by

Santiago Ramón y Cajal

Winner of the Nobel Prize in Physiology or Medicine

Translated, edited, and annotated by

Lazaros C. Triarhou, M.D., Ph.D.

Bodossakis Foundation Laureate in Neuroscience

CORPUS CALLOSUM
Thessalonica · Indianapolis

In the aftermath of peace : essay on the future of Europe.

A Corpus Callosum book published by

Lazaros C. Triarhou, MD PhD
Professor of Neuroscience
University of Macedonia
Egnatia 156
Thessalonica 54636 (Greece)

Copyright © 2019 by L. C. Triarhou
All rights reserved. No part of this book may be used or reproduced, in whole or in part, including illustrations, in any form by any electronic or mechanical means (beyond that copying permitted by Sections 107 and 108 of the U.S. Copyright Law and excerpt by reviewers for the public press), without permission in writing from the author.

Ramón y Cajal, Santiago, 1852-1934, author.
    [Despues de la paz. English]
    In the aftermath of peace : essay on the future of Europe by Santiago Ramón y Cajal, winner of the Nobel Prize in Physiology or Medicine / translated, edited, and annotated by Lazaros C. Triarhou, M.D., Ph.D.
    p. cm.
    Includes bibliographical references.
    ISBN: 9781795338172

    1. Psychology–Philosophy. 2. Sociology–Peace. 3. Medicine–Neuroscience.   I. Triarhou, Lazaros Constantinos, editor, translator.   II. Title.

Printed in the United States of America

Cover.—A Great War Zeppelin on a bomb-dropping expedition is sailing over an enemy city. High above it are the city's defending aircraft—a biplane and a monoplane—ready to attack the raider with their machine guns (from *The Story of the Great War*, volume III, edited by F. J. Reynolds, A. L. Churchill and F. T. Miller; P. F. Collier *&* Son, New York, 1916). Antique trading cards from Spain (reverse), marking the beginning and the conclusion of World War I: *The European War, 1914: Demonstration of the warring nations* (Chocolates y Bombones J. Camps, Barcelona); *The European War, 1919: Signing of the Peacy Treaty* (Chocolate Amatller, Barcelona).

The Corpus Callosum logo is based on a lithograph by the neurobiologist Christofredo Jakob from his *Icones Neurologicae* (1897).

CONTENTS

Introduction · 9

In the aftermath of peace: What political, emotional, and ideological trends will dominate Europe?

English translation · 15

Discussion · 22

Documents · 29

INTRODUCTION

THIS BOOK REVIVES a little known document written in February 1915 by the Spanish neuroanatomist and Nobel laureate Santiago Ramón y Cajal (1852–1934), concerning the political, sentimental, and ideological trends that would dominate the European scene in the aftermath of World War I.

Cajal had shared the Nobel Prize in Physiology or Medicine in 1906 with the Italian pathologist Camillo Golgi (1843–1926) in recognition of their work on the structure of the nervous system.

The driving force of laboratory research was only one of Cajal's talents.[1] What makes him a genius is the tenacity of many of his scientific and social ideas, which were ahead of his time.[2]

---

[1] A. Romero, *Fotografía Aragonesa/1: Ramón y Cajal* [Aragonese Photography: Santiago Ramón y Cajal] (Diputación Provincial, Zaragoza, 1984), 82–85.

[2] M. Á. Ramón y Cajal Junquera, "Cajal en Barcelona:

An acute observer of the literary and scientific scene as well as of the roiling social life of the avant-garde, Cajal emerged in twentieth century Spain in a further role as philosopher and educator, and came to stand as a symbol of the national cultural rebirth.[3] One notes with delight the consistent references by Cajal not only to the findings of scientists, but also, to the contributions of great philosophers and thinkers,[4] proving his erudition, and rightfully earning the title "Cervantes of Science".[5]

In the early stage of World War I, between February and April 1915, the philosopher José

Santiago Ramón y Cajal y la hipnosis como anestesia" [Cajal in Barcelona: Santiago Ramón y Cajal and hypnosis as anesthesia]. *Revista Española de Patología* 35 (2002): 413–414.

[3] C. S. Sherrington, "Santiago Ramón y Cajal 1852–1934," *Obituary Notices of Fellows of the Royal Society* (1935): 424–441.

[4] C. D. Pasqualini, "Cien años después en investigación científica" [One hundred years later in scientific research], *Medicina (Buenos Aires)* 59 (1999): 798–800.

[5] D. F. Cannon, *Explorer of the Human Brain: The Life of Santiago Ramón y Cajal (1852–1934)* (Henry Schuman, New York, 1949).

Ortega y Gasset (1883–1955) solicited, in his capacity as editor-in-chief of the weekly magazine *España*, perspectives from thirteen Spanish intellectuals regarding the political, sentimental, and ideological trends that would dominate Europe after an eventual peace accord.[6] Those recipients included the novelist Armando Palacio Valdés (1853–1938), the biochemist José Rodríguez Carracido (1856–1928), the biologist Ramón Turró (1854–1926), the statesman Joaquín Sánchez de Toca (1852–1942), the playwright Miguel de Unamuno (1864–1936), and the 63-year-old Cajal. Their responses were subsequently gathered into a book, published by Juan Pueyo in Madrid.[7]

---

[6] P. Ramírez Benito, "La Gran Guerra vista desde la intelectualidad de la revista *España*, 1915–1924" [The Great War seen from the intelligentsia of the *España* weekly, 1915–1924] in *Sucesos, Guerras, Atentados: La Escritura de la Violencia y Sus Representaciones* [Events, Wars, Attacks: The Writings on Violence and Its Representations], ed. M.-C. Chaput and M. Peloille (Pilar, Pessac Cedex, France, 2009), 57–82.

[7] A. Ghiraldo (Dir.), *Después de la Paz* [After the Peace] (Biblioteca España y América, Imprenta de Juan Pueyo, Madrid, 1915).

In a little over a thousand words, Cajal[8] said it all. With his remarkable acumen, Cajal predicted the outburst of World War II and the consequent formation of international alliances. He argues that the only values of worth in the human species are Science and Art, while its bestial remnants underpin the incessant thirst for a new bloodpath every twenty or thirty years. Future generations may only surpass us in that, through the progress of Physiology and Psychology, they may be able to comprehend the cruel and wicked human nature, without though emending it. One explanation for all this is the slow pace of the evolution of nerve cells.

Cajal's essay was reprinted in Central[9] and

---

[8] S. Ramón y Cajal, "Después de la paz. ¿Qué corrientes políticas, sentimentales e ideológicas dominarán en Europa?" [After the peace. What political, sentimental, and ideological trends will dominate Europe?], *España: Semanario de la Vida Nacional (Madrid)*, February 12, 1915, 5.

[9] S. Ramón y Cajal, "Después de la paz..." [After the peace...], *Gaceta Médica de Costa Rica (San José)* 18, no. 19 (April 15, 1915): 224–226.

South America.[10]

The aim of the present booklet is to conserve, in English translation, that prophetic document, a rare jewel from the pen of the "Don Quixote of the microscope"[11] and the "Father of modern Neuroscience",[12] as a wake-up call for younger generations.

Lazaros C. Triarhou
January 2019

---

[10] S. Ramón y Cajal, "Después de la paz" [After the peace], *Claridad: Revista de Arte, Crítica y Letras (Buenos Aires)* 13, no. 282 (October 1934): 3–4.

[11] H. Williams, Don Quixote of the Microscope: An Interpretation of the Spanish Savant Santiago Ramón y Cajal (1852–1934) (Jonathan Cape, London, 1954).

[12] J. DeFelipe, "Sesquicentenary of the birthday of Santiago Ramón y Cajal, the father of modern neuroscience," *Trends in Neurosciences* 25, no. 9 (September 2002): 481–484.

Dr Santiago Ramón y Cajal
(MADRID)
Président de la Section I.

What Political, Emotional, and Ideological Trends will Dominate Europe in the Aftermath of Peace?

by *Santiago Ramón y Cajal*

YET, WHAT MY DEAR AND ADMIRABLE friend Ortega has asked of me is nothing at all! To guess the psychological state of the world after the present catastrophe, in other words, to conjecture on the political, sentimental, and ideological trends in Europe *after* a peace accord is sealed… And it is way too gracious to demand predictions from someone so naïve as myself, absolutely inept in the so-called *ethical and political sciences* (what do they actually serve?), adhered, for my entire life, to the eyepiece of a microscope, most likely by an irresistible calling, as consolation—through the silent gimmicks of cells and microbes—from the blatant frenzies and injustices of humans…

Nevertheless, as the tyranny of friendship obliges me to make a prediction, here are certain incongruous digressions.

Needless to say I have not the slightest clue about man and his civilization. As far as I am concerned, the human species has only created two values worthy of esteem: Science and Art. Otherwise, it continues to be the *last hunter animal* to have appeared. And as it must retain, incurably, the foul instincts of its *beast* condition, I surmise that, regardless of the outcome of the fierce strife, there will hardly be any change in the ideal and moral norms of Humanity. I rely on the following excruciating biological fact: the frustrating evolutionary resistance of the brain. Despite the educational influence of Philosophy, Law, and Art, despite the wonderful conquests of Science and Technology, our nerve cells continue to react in the same way as in the Neolithic Age: with the same irresistible movement toward herds, the same proclivity for the steam of foreign blood, the identical aversion to peoples who speak a different language or who dwell on the other bank of a river or the other slope of a mountain range. In this perpetual rhythm of persuasion and violence to which it appears to be subjected, because of inevitable biological principles, whatever the individual and collective spirit has achieved through its civilization, in order to soothe and bridle the international passions and hatreds, is reduced to prolonging, somewhat, the interludes of peace, that is to say, the *peaceful*—or reflective—*phase*, whereas the *destructive phase* becomes more explosive and horrifying. Equally lame appears the following *progress*: in our past, the man of the caves was looting and torturing his victims out front and genuinely, without scourging them with some anthropological theory; today, the aggressors, when they are strong, write erudite books, replete with antiquated Political Philosophy, not only to conceal their abuses and iniquities, but also to present themselves to the world as a superior race to which anything is permitted.

Thus, unfortunately—please allow me a bit of pedantry—none of the cultural and social adaptations people have made have yet been transferred to the germinal cells, as August

Weismann would say, or have acquired, for that matter, a hereditary character. Let us then console ourselves thinking that, by the fatal imposition of nervous inertia, our descendants will be as putrid as we are. They will only surpass us in one respect: through the progress of Physiology and Psychology they will come, perhaps, to comprehend how and why they are cruel and wicked; however, despite their marvelous science, they will continue to be subjected to the same rhythm, mentioned above, bathing for that matter in warm blood and breathing the stench of gunpowder every twenty or thirty years.

It is dolorous to confess that we have placed extreme confidence in the educational efficacy of Religion, Ethics, and Art. Our so belauded culture has consisted in the coordinated accumulation of relative world-views. It allows us to act upon the world, but it does not let us act upon ourselves. The gloomy and dire *ego* that we carry embedded in our brain remains intangible and arcane. Nobody ever succeeded in suppressing or emending even one of those nerve cells which carry the cruel instincts, stemming from the remotest animal nature and created during the prehistoric geological periods of the fierce strife for survival.

Keeping these premises in mind, and now coming to the question, it is readily deduced that, whether Germany or England wins, the ideological and sentimental environment will hardly change in Europe. It has been argued by many that a victory of the Central Empires will exacerbate Autocracy, Militarism, and a bout of patriotic sentiment; whereas a victory of the Allies will amount to a prevalence of the venerated principles of Democracy and Justice, the respect for the autonomy of weak peoples, and an almost general disarmament. This is possible, but personally, I cannot believe it.

The winner will owe success, unquestionably, to industrial and military might, to excellence of techniques and their applications in the art of war, to superiority of political and administrative organization. Consequently, and with the exception of a group of warring nations that will not be literally annihilated (an extremely improbable supposition), the defeated nations will immediately surrender to the painful commands and methods of the fortunate conqueror. Germany, humiliated, will effectuate, thanks to the laboriousness and ingenuity of its scientists and technicians, a stupendous progress in the construction of war machinery. In turn, England, cautious, will get to the point of being armed to the teeth, possibly imposing the mandatory military service. Russia, cut off from Poland, will wisely exploit its own inexhaustible material resources and exquisitely organize its formidable reserve of human lives. Finally, France, pricked, will lead its patriotism and its Science to the highest degree of battle tension and efficiency. As far as the neutral nations are concerned, driven by fear, they will become incorporated, either spontaneously *(motu proprio)* or by force, into the grand systems of International Alliances. Without a doubt, certain of them will be able to maintain their neutrality; but they will all have to bear overwhelming and exhausting military costs.

In sum, we are offered, as political and sentimental sequels of the war, the dismay of Pacifism and Humanitarianism, and the regression, according to the temperament and social ethos of each nation, to the excesses of *Chauvinism* and Imperialism.

And in about twenty or thirty years, when the orphans of the present war will be men, the same stupendous massacre will be repeated. Thus, according to the rhythmic principle that governs all species, from the *infusoria* to the *mammalia*, nutritive pause and voracious fury will successively alternate, until a divine marvel might improve, somewhat, the sordid matter of the human nervous system. If it emerges, so to speak…

How painful it is to consider the sums of cosmic and moral energy that are vainly wasted in the horrendous hecatombs of war!… What inestimable benefits would mankind derive if even half the treasure wasted in imbecile and sterile massacres were invested in the noble endeavours of collective health, culture, and welfare…

S. Ramón Cajal

February 1915

DISCUSSION

THE ARGUMENTS LAID ON PAPER by Cajal are cogent and clear cut. There is little need to expound them further. Rather, in this discussion, mentions are made of some scholars of the twentieth century, who echoed similar anti-war sentiments and explanations.

One of the better known exchange of ideas that comes to mind is the correspondence of Albert Einstein (1879–1955) and Sigmund Freud (1856–1939) from April 1931 to December 1932 under the heading, *Why War?* [13]

Stirred by the acts of World War I, Freud attempted to interpret—through psychoanalytical theory and the primitive provenance of the unconscious—human ideologies, human civilization, and their discontents. The wild

---

[13] A. Einstein and S. Freud, *Warum Krieg? Ein Briefwechsel* [Why War? A Letter Exchange] (Institut International de Coopération Intellectuelle/Société des Nations, Paris, 1933).

beast that the human mind has inherited forms the basis of Freud's interpretation.

Equally legendary is the *Russell-Einstein Manifesto*,[14] with the following dilemma as one of its highlights: 'The problem that we present to you, stark, dreadful, and inescapable, is: shall we put an end to the human race or shall mankind renounce war?' One of its co-authors, the American chemist and activist Linus Pauling (1901–1994), honored with Nobel Prizes both in Chemistry and in Peace, later proclaimed that 'it is the duty of every human being to use his time, energy, and money to assist in the fight to achieve the goal of general and complete world disarmament, rather than in a vain effort to alleviate the consequences of war'.[15]

Before Cajal, the French physiologist and aeronautical engineer Charles Richet (1850–1935), also a Nobel laureate, considered war to be the greatest stupidity of man. The issue of peace

---

[14] M. Born et al., "The Russell-Einstein manifesto, July 9, 1955," *Pugwash Conferences on Science and World Affairs.*

[15] L. Pauling, "The dead will inherit the Earth," *Frontier Magazine (Los Angeles)* 13, no. 1 (November 1961): 5–8.

was central to his life. Having served as a physician in World War I, he, like Cajal, predicted that Europe would engage in a 'Second Great War', nastier than the First, if the military industry were not placed under control, because 'without arms dealers there is no war'.[16]

Richet[17] explained how school books are laden with well-worn commonplaces about the love of one's country, identifying patriotism with the warlike spirit, such that the minds of the young become imbued with the belief that, to love one's country, it is necessary to hate every other. Hardly a word is ever mentioned about the miseries resulting from militarism and wars, the ills they have wrought, the ruins, the massacres, the iniquitous annexations, and all the gloomy deeds that make up the history of international warfare:

---

[16] S. Wolf, *Brain, Mind, and Medicine: Charles Richet and the Origins of Physiological Psychology* (Routledge, New York, 2017), 126.

[17] C. Richet, *Peace and War* (from *Revue Philosophique de la France et de l'Étranger*), transl. by M. Edwardes (J. M. Dent and Company, London, 1906), 75–85.

Can there be any greater absurdity than in bringing up the French peasant to hate the German peasant, as if the first duty of the two honest bodies of men, living on either bank of the river, was to detest each other?

Whether in Germany, France, England, or Italy, whichever nation is guilty bears more emphasis on those from which it has been the victim, encouraging revengeful sentiments. The only way of grappling with it is through an education founded on firm and avowedly non-warlike principles.

Elsewhere, Richet notes:

War, a scourge worse than all the others, a pure creation of man's imagination, has been added to the natural scourges of epidemics, famine, and disease (...) Our imperative ethical obligation is to give to knowledge a role worthy of her. Knowledge and war are two opposing divinities (...) Let us imagine that—instead of having constructed gigantic war machines that consume our youth, our toil, and our activity—a resolutely peaceful society had given its attention to searching out causes and had devoted itself to physical, chemical, physiological, and social studies. In that event, the world would have been quite different from what it actually is.[18]

With some irony, the intuitive neurobiologist Christofredo Jakob (1866–1956) remarked:

As far as the problems of international politics are concerned, let us leave them all to the man of the future to resolve, because for the man of the present they seem impossible, as all the international congresses at the solemn comedies of Geneva and New York have shown.[19]

I conclude by citing the words of two modern biological philosophers: the Hungarian biochemist Albert Szent-Györgyi (1893–1986) and

---

[18] C. Richet, "War and science (from *La paix par le droit*)," transl. by M. H. Kingsbury, *Advocate of Peace (Boston)* 71, no. 11 (November 1909): 256–258.

[19] C. Jakob, "La religión de la naturaleza y el porvenir del hombre" [The religion of nature and the future of man], *Humanidades (La Plata)* 22 (1930): 107–119.

the Australian immunologist Frank Macfarlane Burnet (1899–1985).

In the sequel to his best-seller *The Crazy Ape*, Szent-Györgyi stressed the irreparable damage done by withdrawing petty sums from science and dumping huge sums into the bottomless pit of armaments and wars:

> We spend three times as much on spying on our enemies than on exploring nature. So long as we spend more on converting the results of science into instruments of murder and destruction, so long as humanity prefers to support such a conversion rather than support science and knowledge, we must remain a death-orientated society, one which will eventually get what it wants: death. The choice is ours.[20]

Burnet explains that 'power over other people has been central to all history, and is the root of human evil…'. In line with Cajal, he argues:

---

[20] A. Szent-Györgyi, *What Next?!* (Philosophical Library, New York, 1971), 57–62.

Human behavior is based on a genetically de-
termined neural infrastructure that evolved es-
sentially to its present form in the long hunter-
gatherer phase of human prehistory (…) Along
with the development of hunting weapons
came the potentiality of lethal intraspecific
conflict, murder, and war. Male mammals are
always liable to quarrel and fight over mates or
status and privilege within the group, but only
a tiny proportion of the fights end in death for
one of the combatants. With weapons avail-
able, anger became much more likely to be lethal. Once Cain had slain Abel, war became
inevitable and history began.[21]

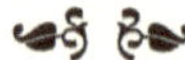

---

[21] F. Macfarlane Burnet, *Endurance of Life: The Implications
of Genetics for Human Life* (Cambridge University Press /
Melbourne University Press, Clayton, Victoria, Australia,
1978), 164–166.

DOCUMENTS

The following pages reproduce Cajal's original essay, written in Spanish, as it appeared in four different publications (detailed in footnotes 7–10, pages 12–13).

Pages 31–39: Book, *Después de la Paz*, edited by A. Ghiraldo.

Pages 40–41: *Revista España*, Madrid.

Pages 42–45: *Gaceta Médica de Costa Rica*, San José.

Pages 46–49: *Claridad—Revista de Arte, Crítica y Letras*, Buenos Aires.

BIBLIOTECA ESPAÑA Y AMÉRICA.—Director: ALBERTO GHIRALDO

Después de la Paz

¿Qué corrientes políticas, sentimentales é ideológicas, dominarán en Europa después de la paz?

OPINIONES DE:

S. Ramón y Cajal.—A. Palacio Valdés.—Miguel de Unamuno.—J. R. Carracido.—J. Sánchez de Toca.—Juan Madinaveitia. Luis Calpena.—José Ortega y Gasset.—A. López Peláez.—Ramón Turró.—Alberto Ghiraldo.—José Francés.—Antonio Zozaya.

ANULADO
BIBLIOTECA MUNICIPIO
bibliotecas municipales
LA CORUÑA
R·10086

ADMINISTRACIÓN: NICOLÁS MARÍA RIVERO, 6.
MADRID

ÍNDICE

	Páginas.
ADVERTENCIA	7
S. Ramón y Cajal	9
A. Palacio Valdés	15
Miguel de Unamuno	23
José R. Carracido	27
J. Sánchez de Toca	31
Juan Madinaveitia	47
Luis Calpena	55
José Ortega y Gasset	61
Antolín López Peláez	71
Ramón Turró	75
Alberto Ghiraldo	89
José Francés	93
Antonio Zozaya	99
Marcelino Domingo	107

S. RAMÓN Y CAJAL

Para mí la raza humana sólo ha creado dos valores dignos de estima: la Ciencia y el Arte. En lo demás continúa el hombre siendo *el último animal de presa* aparecido. Y como habrá de perseverar irremediablemente en su condición de *animal* de malos instintos, conjeturo que, cualquiera que sea el resultado de la monstruosa lucha, cambiarán muy poco las normas ideales y morales de la Humanidad. Fúndome en este hecho biológico desconsolador: la desesperante resistencia evolutiva del cerebro. A despecho de la influencia educadora de la Filosofía, del Derecho y del Arte; á pesar de las maravillosas conquistas de la Ciencia y de la Técnica, nuestras células nerviosas continúan reaccionando casi lo mismo que en la época neolítica; igual tendencia irresistible hacia el robo en

cuadrilla, la misma afición al vaho de la sangre
ajena, idéntica aversión hacia los pueblos que
hablan otra lengua ó habitan del otro lado de
un río ó de una cordillera. En ese ritmo perpetuo de persuasión y acometimiento á que parece
sujeto, por ley biológica ineluctable, el espíritu
individual y colectivo, todo lo conseguido por
nuestra decantada civilización para aquietar y
regular las codicias y odios internacionales redúcese á haber prolongado un tanto los períodos de pausa, esto es, la *fase pacífica* ó discursiva, haciendo más explosiva y desoladora la
fase destructiva. Igualmente irrisorio aparece
este otro *progreso:* nuestro antepasado cavernícola expoliaba y asesinaba franca y sinceramente, sin atormentar á sus víctimas con ninguna teoría antropológica; hoy los agresores,
cuando son fuertes, escriben libros eruditos, repletos de alta filosofía política, no sólo para
cohonestar sus atropellos é iniquidades, sino
para presentarse ante el mundo como una raza
superior, á la que todo está permitido.

Es que, por desgracia—permítaseme un poco
de pedantismo—, ninguna de las adaptaciones
culturales y sociales del hombre se ha transmitido todavía á las células germinales, como di-

ria Weismann, y adquirido, por tanto, carácter hereditario. Consolémonos, pues, pensando que, por imposición fatal de la inercia nerviosa, nuestros descendientes serán tan perversos como nosotros. Sólo nos superarán en una cosa: á fuerza de progresos fisiológicos y psicológicos llegarán quizás á averiguar cómo y por qué son crueles y malvados; pero, con toda su admirable ciencia, continuarán también sujetos al susodicho ritmo, bañándose, por tanto, en sangre caliente y aspirando el olor de la pólvora cada veinte ó treinta años.

Doloroso es confesar que hemos puesto demasiada confianza en la eficacia educadora de la Religión, de la Moral y del Arte. Nuestra tan encarecida cultura se ha constituído por acumulación coordenada de nociones relativas al mundo. Ella nos permite actuar sobre él, pero no sobre nosotros mismos. El sombrío y trágico *yo* que llevamos incrustado en el cerebro, permanece intangible y hermético. Nadie ha logrado suprimir ó corregir una de esas células nerviosas portadoras de instintos crueles, legado de la más remota animalidad, y creados durante períodos geológicos, de rudo batallar contra la vida ajena.

Sentadas estas premisas, y viniendo ahora á

la cuestión, dedúcese fácilmente que, triunfe Alemania, ó triunfe Inglaterra, el ambiente ideal y sentimental de Europa cambiará muy poca cosa. Se ha afirmado por muchos que la victoria de los imperios centrales traerá consigo el recrudecimiento de la autocracia y del militarismo y la exacerbación del sentimiento patriótico; mientras que el triunfo de los aliados equivaldría al prevalecimiento de los augustos principios de la democracia y de la justicia, amén del respeto á la autonomía de los pueblos débiles y del desarme casi general. Ello es posible, pero yo no puedo creerlo.

El vencedor deberá, incuestionablemente, sus éxitos á su poderío industrial y militar, á la excelencia de la técnica en sus aplicaciones al arte de la guerra, á la superioridad de su organización política y administrativa. Por consiguiente, y á menos de quedar literalmente aniquilado un grupo de naciones beligérantes (hipótesis sumamente improbable), los pueblos vencidos se entregarán inmediatamente á la imitación concienzuda de los métodos del afortunado conquistador. Alemania, humillada, promoverá, gracias á la laboriosidad é ingenio de sus sabios y técnicos, progresos estupendos en

orden á la fabricación de máquinas guerreras. Á
su vez, Inglaterra, escarmentada, acabará por
armarse hasta los dientes, estableciendo quizás
el servicio militar obligatorio. Rusia, desgarrada en la Polonia, explotará sabiamente sus inagotables recursos materiales y organizará exquisitamente su reserva formidable de vidas humanas. En fin: Francia, expoliada, llevará su
patriotismo y su ciencia al más alto grado de
tensión y de eficacia bélica. En cuanto á las naciones neutrales, estimuladas por el miedo, ingresarán, *motu proprio* ó á la fuerza, en los
grandes sistemas de alianzas internacionales.
Sin duda, algunas de ellas lograrán mantener su
neutralidad; pero todas habrán de soportar gastos militares abrumadores y agotantes.

En suma: como resultado político y sentimental de la guerra, se nos ofrece el desmayo del
pacifismo y humanitarismo, y el regreso, según
el genio y los hábitos sociales de cada pueblo, á
los excesos del *chauvinismo* y del imperialismo.

Y dentro de veinte ó treinta años, cuando los
huérfanos de la guerra actual sean hombres, se
repetirá la estupenda matanza. Y así sucesivamente, según el ritmo de pausa nutritiva y de
acción devoradora—ley que rige desde el infu-

sorio al mamífero—, hasta que un milagro divino haga surgir de la impura materia nerviosa del hombre algo mejor. Si es que sale, que lo dudo también...

¡Honda pena da pensar en la cantidad de energía cósmica y de energía moral despilfarradas en las horrendas hecatombes de la guerra!... ¡Qué de inestimables beneficios realizaría la Humanidad si la mitad solamente del tesoro gastado en imbéciles é infecundas matanzas se empleara en las nobles empresas de la higiene, de la cultura y del bienestar colectivos!...

ES PROPIEDAD

Imp. de Juan Pueyo, Luna, 29; telef. 14-30.—Madrid.

ESPAÑA

1915

REDACCION Y ADMINISTRACION, CALLE DEL PRADO, 11
APARTADO DE CORREOS NÚM. 139.—DIRECCION TELE-
GRAFICA, *ESPAÑO*.—TELEFONO 5.233.

PRECIOS DE SUSCRIPCION: MADRID Y PROVINCIAS:
UN SEMESTRE, 2,50 PESETAS.—UN AÑO, 5 PESETAS.
EXTRANJERO: UN AÑO, 12 PESETAS.

Núm. **10** Cts.   **SEMANARIO DE LA VIDA NACIONAL**   Núm. **10** Cts.

MADRID 12 DE FEBRERO   AÑO I.—NÚM 3.

SUMARIO

HISTORIA DE LA SEMANA.—EL TABLADO DE ARLEQUIN: El maestro Escobarte ó la imitación, por Pío Baroja.—POLITICA DE LA NEU-TRALIDAD: La nación frente al Estado, por José Ortega y Gasset.—ALEMANIA EN EL ATE-NEO.—EL BANCO DE ESPAÑA, PLAGA NA-CIONAL, II, por Luis Olariaga.—LA GUERRA: Hechos de la semana.—DESPUES DE LA PAZ. Información de ESPAÑA: Respuesta del doctor Ramón y Cajal.—VIEJA POLITICA, por E. O. G.—CARTAS IMAGINARIAS, por Ramón Pérez de Ayala.—Salpicones del mar, por J. Moreno Villa. Paz en la guerra.—EL CINEMATOGRAFO, por El Espectador.—LAS OBRAS Y LOS DIAS, por Xenius.—LA VIDA REAL DE ESPAÑA: Zonas neutrales, por J. Garriga Massó.—Bilbao y la So-ciedad de Construcciones Navales, por L. O.—LA GUERRA ANECDOTICA.

DIBUJOS: Una invitación, por Echea.—El carna-val y la guerra (plana en color), por Bagaría.

HISTORIA DE LA SEMANA

Los diputados catalanes, deseando extender su pro-paganda fuera del Parlamento, sin limitarla á Catalu-ña, han emprendido viajes por distintas regiones es-pañolas. El Sr. Cambó en San Sebastián, el Sr. Co-rominas en León y el Sr. Rañola (P.) pronunciaron discursos en favor de las zonas neutrales, para dar al proyecto carácter nacional. Justo es aplaudir el entusiasmo y la conciencia del deber político que inspira estas campañas.

En plena bahía de Santander ha naufragado el transatlántico *Alfonso XIII*. El descuido de un mari-nero bastó para hundir la enorme cantidad de rique-za, de trabajo, de arte que representa uno de estos poderosos buques. Las circunstancias que han con-currido en el naufragio son tan extrañas que en otra época ya hubiera surgido la leyenda. Hoy sabemos que no hace falta inventar nada para explicarnos las ruinosas consecuencias de la imprevisión, del incum-plimiento del deber desde el más alto hasta el más bajo, desde el que dispone la construcción de barcos hasta el último marinero.

UNA INVITACION

ESPAÑA NÚM. 3—5

DESPUÉS DE LA PAZ

—¿QUÉ CORRIENTES POLÍTICAS, SENTIMEN-
TALES É IDEOLÓGICAS DOMINARÁN EN EU-
ROPA DESPUÉS DE LA PAZ?

Esta pregunta hemos hecho á los hombres de más alta significación en la vida española. He aquí la contestación que ha tenido la bondad de enviarnos el doctor Ramón y Cajal.

¡Ahí es nada lo que mi querido y admirado amigo Ortega me pide! Adivinar el estado de alma del mundo después de la catástrofe actual, las corrientes políticas, sentimentales é ideológicas de Europa en cuanto se firme la paz... Y tiene muchísima gracia acudir en demanda de vaticinios á un infeliz como yo, absolutamente lego en eso que llaman ciencias morales y políticas (¿para qué han servido?) y encerrado de por vida en el ocular del microscopio, más que por vocación irresistible, por consolarse, con las calladas insidias de células y microbios, de las ruidosas virulencias é injusticias de los hombres.

Mas como la tiranía de la amistad me obliga á ejercer de augur, allá van algunas incongruentes divagaciones.

Vaya por delante la declaración de que ya tengo muy pobre idea del hombre y de su civilización. Para mí la raza humana sólo ha creado dos valores dignos de estima: la ciencia y el arte. En lo demás continúa siendo el último animal de presa aparecido. Y como habrá de perseverar irremediablemente en su condición de animal de malas inclinaciones, conjeturo que, cualquiera que sea el resultado de la monstruosa lucha, cambiarán muy poco las normas ideales y morales de la humanidad. Fúndase en este hecho biológico desconsolador: la desesperante resistencia evolutiva del cerebro. A despecho de la influencia educadora de la filosofía, del derecho y del arte; á pesar de las maravillosas conquistas de la ciencia y de la técnica, nuestras células nerviosas continúa reaccionando casi lo mismo que en la época neolítica; igual tendencia irresistible hacia el robo en cuadrilla; la misma afición al robo de la sangre ajena, idéntica aversión hacia los pueblos que hablan otra lengua ó habitan del otro lado de un río ó de una cordillera. En ese ritmo respecto de persuasión y acontecimiento —que parece sujeto, por ley biológica ineluctable, al espíritu individual y colectivo; todo lo conseguido por nuestra decantada civilización para aquietar y regular las codicias y odios internacionales reducese á hacer prolongado un tanto los períodos de pausa, esto es, la fase pacífica ó discursiva, haciendo más explosiva y desoladora la fase destructiva. Igualmente (?) aparece otro progreso: nuestro antepasado cavernícola copelaba y asaltaba franca y sinceramente, sin atormentar á sus víctimas con ninguna teoría antropológica; hoy los agresores, cuando son fuertes, escriben libros eruditos, repletos de alta filosofía política, no sólo para cohonestar sus atropellos é iniquidades, sino para presentarse ante el mundo como una raza superior á la que todo está permitido.

Es que, por desgracia —permítaseme un poco de pedantismo—, ninguna de las adaptaciones culturales y sociales del hombre se ha transmitido todavía á las células germinales, como diría Weismann, y adquirido, por tanto, carácter hereditario. Condenémonos, pues, pensando que, por imposición fatal de la inercia nerviosa, nuestros descendientes serán tan perversos como nosotros. Sólo nos superarán en una cosa: á fuerza de progresos fisiológicos y psicológicos llegarán, quizás, á averiguar cómo y por qué son crueles y malvados; pero, con toda su admirable ciencia, continuarán también sujetos al susodicho ritmo, bañándose, por tanto, en sangre...

caliente y aspirando el olor de la pólvora cada veinte ó treinta años.

Doloroso es confesar que hemos puesto demasiada confianza en la eficacia educadora de la religión, de la moral y del arte. Nuestra tan encarecida cultura se ha constituido por acumulación coordenada de nociones relativas al mundo. Ella nos permite actuar sobre él, pero no sobre nosotros mismos. El sombrío y trágico yo que llevamos incrustado en el cerebro permanece intangible y hermético. Nadie ha logrado suprimir ó corregir una de esas células nerviosas portadoras de instintos crueles, legado de la más remota animalidad y creadas durante períodos geológicos de rudo batallar contra la vida ajena.

Sentadas estas premisas, y viniendo ahora á la cuestión, dedúcese fácilmente que, triunfe Alemania ó triunfe Inglaterra, el ambiente ideal y sentimental de Europa cambiará muy poca cosa. Se ha afirmado por muchos que la victoria de los imperios centrales traerá consigo el recrudecimiento de la autocracia y del militarismo y la exacerbación del sentimiento patriótico; mientras que el triunfo de los aliados equivaldría al prevalecimiento de los augustos principios de la democracia y de la justicia, amén del respeto á la autonomía de los pueblos débiles y del desarme casi general. Ello es posible, pero yo no puedo creerlo.

El vencedor deberá, incuestionablemente, sus éxitos á su poderío industrial y militar, á la excelencia de la técnica en sus aplicaciones al arte de la guerra, á la superioridad de su organización política y administrativa. Por consiguiente, y á menos de quedar literalmente aniquilado un grupo de naciones beligerantes (hipótesis sumamente improbable), los pueblos vencidos se entregarán, inmediatamente á la imitación concienzuda de los métodos del afortunado conquistador. Alemania, humillada, promoverá, gracias á la laboriosidad é ingenio de sus sabios y técnicos, progresos estupendos en orden á la fabricación de máquinas guerreras. A su vez, Inglaterra, escarmentada, acabará por armarse hasta los dientes, estableciendo quizás el servicio militar obligatorio. Rusia, desgarrada en la Polonia, explotará sabiamente sus inagotables recursos materiales y organizará exquisitamente su reserva formidable de vidas humanas. En fin, Francia, espoliada, llevará su patriotismo y su ciencia al más alto grado de tensión y de eficacia bélica. En cuanto á las naciones neutrales, estimuladas por el miedo, ingresarán, motu proprio ó á la fuerza, en los grandes sistemas de alianzas internacionales. Sin duda, algunas de ellas lograrán mantener su neutralidad; pero todas habrán de exportar gastos militares abrumadores y agotantes.

En suma, como resultado político y sentimental de la guerra se nos ofrece el desmayo del pacifis-

mo y humanitarismo y el regreso, según el genio y los hábitos sociales de cada pueblo, á los excesos del chauvinismo y del imperialismo.

Y dentro de veinte ó treinta años, cuando los huérfanos de la guerra actual sean hombres, se repetirá la estupenda matanza. Y así sucesivamente, según el ritmo de pausa nutritiva y de acción destructora —ley que rige desde el infusorio al mamífero—, hasta que un milagro divino haga surgir de la impura materia nerviosa del hombre algo mejor. Si es que sale, que lo dudo también...

¡Honda pena da pensar en la cantidad de energía cósmica y de energía moral despilfarradas en las horrendas hecatombes de la guerra!... ¡Qué de inestimables beneficios realizaría la humanidad si la mitad solamente del tesoro gastado en imbéciles é infecundas matanzas se empleara en las nobles empresas de la higiene, de la cultura y del fomento colectivos!...

S. R. CAJAL.

VIEJA POLÍTICA

Las sesiones parlamentarias tienen dos caras, como las estatuas de Jano: una mira al *Diario de Sesiones*. A nosotros nos interesa más la otra.

El proyecto de ley rebajando las edades para el retiro había sido presentado por el ministro de la Guerra con el carácter de premiso urgente y necesaria para reorganizar nuestro ejército. Que era urgente no hay duda; el mismo ministro advirtió que nos cabe el honor de tener 12 generales más que el imperio alemán y 150 más que el reino italiano. Es probable, en cambio, que no convenga aislar esta urgente reforma de otra para nosotros tan esencial, la que expedite los ascensos á reiterada excelencia en competencia, según ocurre en los demás ejércitos extranjeros. Sea de ello lo que quiera, el proyecto de ley se presentó como obra inaplazable.

Pero estos Gobiernos débiles viven de la tolerancia, que les condena á la parálisis, porque de lo contrario los intereses heridos protestan y los quebrantan. El Gobierno no se atrevía á que se discutiese el proyecto. Había, sin embargo, que anudar la situación del ministro de la Guerra que contrataba el compromiso de hacerlo aprobar y no se avenía á continuar en el Ministerio en tan desairada actitud. Para remedio del problema acudió solícito el republicano Sr. Nougués con una proposición incidental en la que demandaba fuera pospuesto el proyecto de edades á mal llamado de subsistencias. Dijo con elta lógica al marqués del Serrallo para explicar su situación y su postura, salvando al mismo la cartera; ya que el proyecto no podía, y al presidente del Consejo para dejar extramuros la reforma.

La comedia no tuvo afortunados intérpretes, y si lograron demostrar por qué, aun atreviéndose mucha urgencia al proyecto militar, no la tenía bastante para que se discutiese después del de subsistencias.

En la discusión del proyecto de escuadra se dió un espectáculo que demuestra la falta de seriedad y de estudio con que se afrontan las más graves cuestiones. Las bases navales necesitan estar providentemente abastecidas de agua potable. El proyecto no preveía esta necesidad por ser indispensable hacer el estudio técnico de las conducciones de agua en cada una de las tres poblaciones: Cartagena, Cádiz y Ferrol. Sin embargo, lo que se llama política, como no necesita estudiar para tener intereses, consigue que el Gobierno no acepte una enmienda que se limita á destinar siete millones de pesetas para el fin indicado. De los que con siete y no nueve ni dos ó tres nadie pudo dar explicaciones. Los enterados de los secretos y mezquindades reservados declaraban que la obtención de esa ventaja para la provincia de Murcia había llenado sólo las expectaciones de pocas supuestas, mal sabía por qué elementos políticos que por su partidismo — según decían— desintieron hace poco tiempo del Gobierno mantuviesen ahora su adhesión.

Como en el momento de cerrar este número aún no ha terminado la discusión del proyecto de subsistencias, remitimos á la semana próxima el comentario.

E.O.G.

"LOS ESPAÑOLES PINTADOS POR SÍ MISMOS"

En breve comenzaremos la publicación de esta serie de estudios pintorescos dedicados á la vida nacional, renovando así la famosa obra compuesta en colaboración por los escritores españoles de 1840.

Año XVIII, II.ª Serie, N.º 7   ✠   15 DE ABRIL DE 1915   ✠   NÚMERO 19

GACETA MEDICA DE COSTA RICA

AMERICA CENTRAL

REVISTA CIENTIFICA MENSUAL DE MEDICINA, CIRUJIA, HIGIENE Y PUERICULTURA

ORGANO DE LA FACULTAD DE MEDICINA DE LA REPUBLICA

DIRECTOR Y ADMINISTRADOR: DR. **TEODORO PICADO**

Dirigir la correspondencia
al Director y Administrador
San José, Costa Rica

La Gaceta Médica se publica cada mes.
No se admiten suscriciones por menos
de seis meses, pago adelantado.

Precio de suscrición por un año . . . ₡ 6-00
Precio de suscrición por seis meses . . ＋ 3-00

Precio de un número suelto . . . . . ₡ 0-50
Precio de avisos . . . . Convencional.

Después de la paz...

¡Ahí es nada lo que mi querido y admirado amigo Ortega me pide! Adivinar el estado de alma del mundo después de la catástrofe actual, las corrientes políticas, sentimentales e ideológicas de Europa en cuanto se firme la paz... Y tiene muchísima gracia acudir en demanda de vaticinios a un infeliz como yo, absolutamente lego en eso que llaman *ciencias morales y políticas* (¿para qué han servido?), y encerrado de por vida en el ocular del microscopio, más que por vocación irresistible, por consolarse con las calladas insidias de células y microbios, de las ruidosas virulencias e injusticias de los hombres...

Mas como la tiranía de la amistad me obliga a ejercer de augur, allá van algunas incongruentes divagaciones.

Vaya por delante la declaración de que yo tengo muy pobre idea del hombre y de su civilización. Para mí la raza humana sólo ha creado dos valores dignos de estima: la Ciencia y el Arte. En lo demás, continúa siendo *el último animal de presa* aparecido. Y como habrá de perseverar irremediablemente en su condición de *animal* de malos instintos, conjeturo que, cualquiera que sea el resultado de la monstruosa lucha, cambiarán muy poco las normas ideales y morales de la humanidad. Fúndome en este hecho biológico desconsolador: la desesperante resistencia evolutiva del cerebro. A despecho de la influencia educadora de la filosofía, del derecho y del arte; apesar de las maravillosas conquistas de la ciencia y de la técnica, nuestras células nerviosas continúan reaccionando casi lo mismo que en la época neolítica: igual tendencia irresistible hacia el robo en cuadrilla, la misma afición al vaho de la sangre ajena, idéntica aversión hacia los pueblos que hablan otra lengua, o habitan del otro lado de un río o de una cordillera. En ese ritmo perpetuo de persecución y acometimiento a que parece sujeto, por ley biológica ineluctable, el espíritu individual y colectivo, todo lo conseguido por nuestra decantada civilización para aquietar y regular las codicias y odios internacionales redúcese a haber prolongado un tanto los períodos de pausa, esto es, la *fase pacífica* o discursiva, haciendo más explosiva y desoladora la *fase destructiva*. Igualmente irrisorio aparece este otro *progreso:* nuestro antepasado cavernícola espoliaba y asesinaba franca y sinceramente, sin atormentar a sus víctimas con ninguna teoría antropológica; hoy los agresores, cuando son fuertes, escriben libros eruditos, repletos de alta filosofía política, no sólo para cohonestar sus atropellos e iniquidades, sino para presentarse ante el mundo como una raza superior a la que todo está permitido.

Es que, por desgracia,—permítaseme un poco de pedantismo,—ninguna de las adaptaciones culturales y sociales del hombre se ha trasmitido todavía a las células germinales, como diría Weismann, y adquirido, por tanto, carácter hereditario. Consolémonos, pues, pensando que, por imposición fatal de la inercia nerviosa, nuestros descendientes serán tan perversos como nosotros. Sólo nos superarán en una cosa: a fuerza de progresos fisiológicos y psicológicos llegarán, quizás, a averiguar cómo y por qué son crueles y malvados; pero, con toda su admirable ciencia, continuarán también sujetos al susodicho ritmo, bañándose, por tanto, en sangre caliente y aspirando el olor de la pólvora cada veinte o treinta años.

Doloroso es confesar que hemos puesto demasiada confianza en la eficacia educadora de la religión, de la moral y del arte. Nuestra tan encarecida cultura se ha constituido por acumulación coordenada de nociones relativas al mundo. Ella nos permite actuar sobre él, pero no sobre nosotros mismos. El sombrío y trágico *yo*, que llevamos incrustado en el cerebro, permanece intangible y hermético. Nadie ha logrado suprimir o corregir una de esas células nerviosas portadoras de instintos crueles, legado de la más remota animalidad y creadas durante períodos geológicos de rudo batallar contra la vida ajena.

Sentadas estas premisas, viniendo ahora a la cuestión, dedúcese fácilmente que, triunfe Alemania o triunfe Inglaterra, el ambiente ideal y sentimental de Europa cambiará muy poca cosa. Se ha afirmado por muchos que la victoria de los imperios centrales traerá consigo el recrudecimiento de la autocracia y del militarismo y la exacerbación del sentimiento patriótico; mientras que el triunfo de los aliados equivaldría al prevalecimiento de los augustos principios de la democracia y de la justicia, amén del respeto a la autonomía de los pueblos débiles y del desarme casi general. Ello es posible, pero yo no puedo creerlo.

El vencedor deberá, incuestionablemente, sus éxitos a su poderío industrial y militar, a la excelencia de la técnica en sus aplicaciones al arte de la guerra, a la superioridad de su organización política y administrativa. Por consiguiente, y a menos de quedar literalmente aniquilado un grupo de naciones beligerantes (hipótesis sumamente improbable), los pueblos vencidos se entregarán, inmediatamente, a la imitación concienzuda de los métodos del afortunado conquistador. Alemania, humillada, promoverá, gracias a la laboriosidad e ingenio de sus sabios y técnicos, progresos estupendos en orden a la fabricación de máquinas guerreras. A su vez, Inglaterra, escarmentada, acabará por armarse hasta los dientes, estableciendo quizás el servicio militar obligatorio. Rusia, desgarrada en la Polonia, explotará sabiamente sus inagotables recursos materiales y organizará exquisitamente su reserva formidable de vidas humanas. En fin, Francia, espoliada, llevará su patriotismo y su ciencia al más alto grado de tensión y de eficacia bélica. En cuanto a las naciones neutrales, estimuladas por el miedo, ingresarán, *motu proprio* o a la fuerza, en los grandes sistemas de alianzas internacionales. Sin duda, algunas de ellas lograrán mantener su neutralidad; pero todas habrán de soportar gastos militares abrumadores y agotantes.

En suma, como resultado político y sentimental de la guerra se nos ofrece el desmayo del pacifismo y humanitarismo y el regreso, según el genio y los hábitos sociales de cada pueblo, a los excesos del *chauvinismo* y del imperialismo.

Y dentro de veinte o treinta años, cuando los huérfanos de la guerra actual sean hombres, se repetirá la estupenda matanza. Y así, sucesivamente, según el ritmo de pausa nutritiva y de acción devoradora,—ley que rige desde el infusorio al mamífero,—hasta que un milagro divino haga surgir de la impura materia nerviosa del hombre algo mejor. Si es que sale, que lo dudo también...

226 GACETA MEDICA

¡Honda pena da pensar en la cantidad de energía cósmica y de energía moral despilfarradas en las horrendas hecatombes de la guerra!... ¡Qué de inestimables beneficios realizaría la Humanidad, si la mitad solamente del tesoro gastado en imbéciles e infecundas matanzas se empleara en las nobles empresas de la higiene, de la cultura y del bienestar colectivos!...

S. R. CAJAL

CLARIDAD
RAMON Y CAJAL
SABIO INVESTIGADOR Y PENSADOR PROFUNDO QUE ACABA DE DEJAR LA VIDA TRAS UNA LABOR CIENTI-
FICA QUE LOGRO REVOLUCIONAR LA MEDICINA EN SU BASE FUNDAMENTAL: LA HISTOLOGIA. COMO ARTI-
FICE DE LAS LETRAS Y GENIO DE LA INVESTIGACION, HA LEGADO A LA HUMANIDAD MERITOS PROPIOS
PARA QUE ESTA LE GUARDE IMPERECEDERA VENERACION
30 cts. - N°. 282

Claridad

REVISTA DE ARTE, CRÍTICA Y LETRAS
TRIBUNA DEL PENSAMIENTO IZQUIERDISTA
Director: ANTONIO ZAMORA

Dirección, Administración
y Talleres Gráficos:
SAN JOSE 1641
Unión Telef. 23 - Buen Orden 5573
Dirección Postal:
Casilla de Correo 736

Unica subscripción: $ 3.50 por año
Aparece el 4º sábado de cada mes

Año XIII   Buenos Aires, Octubre de 1934   (160)   Nº 282

CLARIDAD

Después de la Paz

En el año 1915, invitado a responder a una encuesta sobre: "¿Qué corrientes ideológicas, políticas y sentimentales dominarán en Europa después de la paz?", Ramón y Cajal respondió en la forma que el lector verá en seguida. Demás está remarcar la exacta visión del futuro con que Cajal prevé el estado del mundo occidental de la postguerra.

¡AHI es nada lo que mi querido y admirado amigo Ortega me pide! Adivinar el estado de alma del mundo después de la catástrofe actual, las corrientes políticas, sentimentales e ideológicas de Europa en cuanto se firme la paz... Y tiene muchísima gracia acudir en demanda de vaticinios a un infeliz como yo, absolutamente lego en eso que llaman ciencias morales y políticas (¿para qué han servido?) y encerrado de por vida en el ocular del microscopio, más que por vocación irresistible, por consolarse, con las calladas insidias de células y microbios, de las ruidosas virulencias e injusticias de los hombres...

Mas como la tiranía de la amistad me obliga a ejercer de augur, allá van algunas incongruentes divagaciones.

Vaya por delante la declaración de que yo tengo muy pobre idea del hombre y de su civilización. Para mí la raza humana sólo ha creado dos valores dignos de estima: la ciencia y el arte. En lo demás continúa siendo el último animal de presa aparecido. Y como habrá de perseverar irremediablemente en su condición de animal de malos instintos, conjeturo que, cualquiera que sea el resultado de la monstruosa lucha, cambiarán muy poco las normas ideales y morales de la humanidad. Fúndome en este hecho biológico desconsolador: la desesperante resistencia evolutiva del cerebro. A despecho de la influencia educadora de la filosofía, del derecho y del arte; a pesar de las maravillosas conquistas de la ciencia y de la técnica, nuestras células nerviosas continúan reaccionando casi lo mismo que en la época neolítica: igual tendencia irresistible hacia el robo en cuadrilla, la misma afición al vaho de la sangre ajena, idéntica aversión hacia los pueblos que hablan otra lengua o habitan del otro lado de un río o de una cordillera. En ese ritmo perpetuo de persuasión y acometimiento a que parece sujeto, por ley biológica ineluctable, el espíritu individual y colectivo, todo lo conseguido por nuestra decantada civilización para aquietar y regular las codicias y odios internacionales redúcese a haber prolongado un tanto los períodos de pausa, esto es, la fase pacífica o discursiva, haciendo más explosiva y desoladora la fase destructiva. Igualmente irrisorio aparece este otro progreso: nuestro antepasado cavernícola espoliaba y asesinaba franca y sinceramente, sin atormentar a sus víctimas con ninguna teoría antropológica; hoy los agresores, cuando son fuertes, escriben libros eruditos, repletos de alta filosofía política, no sólo para cohonestar sus atropellos e iniquidades, sino para presentarse ante el mundo como una raza superior a la que todo está permitido.

Es que, por desgracia —permítaseme un poco de pedantismo—, ninguna de las adaptaciones culturales y sociales del hombre se ha transmitido todavía a las células germinales, como diría Weismann, y adquirido, por tanto, carácter hereditario. Consolémonos, pues, pensando que, por imposición fatal de la inercia nerviosa, nuestros descendientes serán tan perversos como nosotros. Sólo nos superarán en una cosa: a fuerza de progresos fisiológicos y psicológicos llegarán, quizás, a averiguar cómo y por qué son crueles y malvados; pero, con toda su admirable ciencia, continuarán también sujetos al susodicho ritmo. bañándose, por tanto, en sangre caliente y aspirando el olor de la pólvora cada veinte o treinta años.

Doloroso es confesar que hemos puesto demasiada confianza en la eficacia educadora de la religión, de la moral y del arte. Nuestra tan encarecida cultura se ha constituído por acumulación coordenada de nociones relativas al mundo. Ella nos permite actuar sobre él, pero no sobre nosotros mismos. El sombrío y trágico yo que llevamos incrustado en el cerebro permanece intangible y hermético. Nadie ha logrado suprimir o corregir una de esas células nerviosas portadoras de instinto crueles, legado de la más remota animalidad y creados durante períodos geológicos de rudo batallar contra la vida ajena.

Sentadas estas premisas, y viniendo ahora a la cuestión, dedúcese fácilmente que, triunfe Alemania o triunfe Inglaterra, el ambiente ideal y sentimental de Europa cambiará muy poca cosa. Se ha afirmado por muchos que la victoria de los imperios centrales traerá consigo el recrudecimiento de la autocracia y del militarismo y la exacerbación del sentimiento patriótico; mientras que el triunfo de los aliados equivaldría al prevalecimiento de los augustos principios de la democracia y de la justicia, amén del respeto a la autonomía de los pueblos débiles y del desarme casi general. Ello es posible, pero yo no puedo creerlo.

El vencedor deberá, incuestionablemente, sus éxitos a su poderío industrial y militar, a la excelencia de la técnica en sus aplicaciones al arte de la guerra, a la superioridad de su organización política y administrativa. Por consiguiente, y a menos de quedar literalmente aniquilado un grupo de naciones beligerantes (hipótesis sumamente improbable), los pueblos vencidos se entregarán, inmediatamente, a la imitación concienzuda de los métodos del afortunado conquistador. Alemania, humillada, promoverá, gracias a la laboriosidad e ingenio de sus sabios y técnicos, progresos estupendos en orden a la fabricación de máquinas guerreras. A su vez, Inglaterra, escarmentada, acabará por armarse hasta los dientes, estableciendo quizás el servicio militar obligatorio. Rusia, desgarrada en la Polonia, explotará sabiamente sus inagotables recursos materiales y organizará exquisitamente su reserva formidable de vidas humanas. En fin, Francia, espoliada, llevará su patriotismo y su ciencia al más alto grado de tensión y de eficacia bélica. En cuanto a las naciones neutrales, estimuladas por el miedo, ingresarán, **motu proprio** o a la fuerza, en los grandes sistemas de alianzas internacionales. Sin duda, algunas de ellas lograrán mantener su neutralidad; pero todas habrán de soportar gastos militares abrumadores y agotantes.

En suma, como resultado político y sentimental de la guerra se nos ofrece el desmayo del pacifismo y humanitarismo y el regreso, según el genio y los hábitos sociales de cada pueblo, a los excesos del chauvinismo y del imperialismo.

Y dentro de veinte o treinta años, cuando los huérfanos de la guerra actual sean hombres, se repetirá la estupenda matanza. Y así sucesivamente, según el ritmo de pausa nutritiva y de acción devoradora —ley que rige desde el infusorio al mamífero—, hasta que un milagro divino haga surgir de la impura materia nerviosa del hombre algo mejor. Si es que sale, que lo dudo también...

¡Honda pena da pensar en la cantidad de energía cósmica y de energía moral despilfarradas en las horrendas hecatombes de la guerra!... ¡Qué de inestimables beneficios realizaría la humanidad si la mitad solamente del tesoro gastado en imbéciles e infecundas matanzas se empleara en las nobles empresas de la higiene, de la cultura y del bienestar colectivos!...

S A N T I A G O   R A M O N   Y   C A J A L

www.ingramcontent.com/pod-product-compliance
Lightning Source LLC
Chambersburg PA
CBHW051123250726
48655CB00007B/2855